하나님 우리 아버지와 주 예수 그리스도로 좇아 은혜와 평강이 있기를 원하노라 고린도전서 1:3

2026

주제별 성경암송 CALENDAR

네비게이토 출판사
그리스도를 알고 그를 알게 하라

1 2026 JANUARY

SUN	MON	TUE	WED	THU	FRI	SAT
2025/12 S M T W T F S 1 2 3 4 5 6 7 8 9 10 11 12 13 14 15 16 17 18 19 20 21 22 23 24 25 26 27 28 29 30 31	2 S M T W T F S 1 2 3 4 5 6 7 8 9 10 11 12 13 14 15 16 17 18 19 20 21 22 23 24 25 26 27 28			1 신정, 11·13	2	3 11·15
4	5 소한	6	7	8	9	10
11	12	13	14	15	16	17
18	19 12·1	20 대한	21	22	23	24
25	26	27	28	29	30	31

To know Christ and to make Him known

그리스도와의 새출발 (개역개정판)

구원의 확신

또 증거는 이것이니, 하나님이 우리에게 영생을 주신 것과 이 생명이 그의 아들 안에 있는 그것이니라. 아들이 있는 자에게는 생명이 있고 하나님의 아들이 없는 자에게는 생명이 없느니라. (요일 5:11,12)

기도 응답의 확신

지금까지는 너희가 내 이름으로 아무것도 구하지 아니하였으나, 구하라 그리하면 받으리니 너희 기쁨이 충만하리라. (요 16:24)

승리의 확신

사람이 감당할 시험밖에는 너희가 당한 것이 없나니, 오직 하나님은 미쁘사 너희가 감당하지 못할 시험 당함을 허락하지 아니하시고, 시험당할 즈음에 또한 피할 길을 내사 너희로 능히 감당하게 하시느니라. (고전 10:13)

사죄의 확신

만일 우리가 우리 죄를 자백하면, 그는 미쁘시고 의로우사 우리 죄를 사하시며, 우리를 모든 불의에서 깨끗하게 하실 것이요. (요일 1:9)

인도의 확신

너는 마음을 다하여 여호와를 신뢰하고 네 명철을 의지하지 말라. 너는 범사에 그를 인정하라. 그리하면 네 길을 지도하시리라. (잠 3:5,6)

O LORD, how great are thy works! and thy thoughts are very deep. (Psalm 92:5)

2026
JANUARY 1

SUN	MON	TUE	WED	THU	FRI	SAT
				1	2	3
4	5	6	7	8	9	10
11	12	13	14	15	16	17
18	19	20	21	22	23	24
25	26	27	28	29	30	31

2

2026
FEBRUARY

SUN	MON	TUE	WED	THU	FRI	SAT
1 12·14	2 12·15	3	4 입춘	5	6	7
8	9	10	11	12	13	14
15	16	17 설날	18	19 우수	20	21
22	23	24	25	26	27	28

1

S	M	T	W	T	F	S
				1	2	3
4	5	6	7	8	9	10
11	12	13	14	15	16	17
18	19	20	21	22	23	24
25	26	27	28	29	30	31

3

S	M	T	W	T	F	S
1	2	3	4	5	6	7
8	9	10	11	12	13	14
15	16	17	18	19	20	21
22	23	24	25	26	27	28
29	30	31				

그리스도와의 동행

(개역개정판)

그리스도 안의 생활
나는 포도나무요 너희는 가지라. 그가 내 안에, 내가 그 안에 거하면 사람이 열매를 많이 맺나니, 나를 떠나서는 너희가 아무것도 할 수 없음이라. (요 15:5)

하나님의 말씀에 의한 생활
지금 내가 여러분을 주와 및 그 은혜의 말씀에 부탁하노니, 그 말씀이 여러분을 능히 든든히 세우사 거룩하게 하심을 입은 모든 자 가운데 기업이 있게 하시리라. (행 20:32)

하나님의 성령에 의한 생활
무릇 하나님의 영으로 인도함을 받는 사람은 곧 하나님의 아들이라. (롬 8:14)

믿음에 의한 생활
이는 우리가 믿음으로 행하고 보는 것으로 행하지 아니함이로라. (고후 5:7)

사랑에 의한 생활
사랑하는 자들아, 하나님이 이같이 우리를 사랑하셨은즉 우리도 서로 사랑하는 것이 마땅하도다. (요일 4:11)

그리스도인의 교제하는 생활
그가 빛 가운데 계신 것같이 우리도 빛 가운데 행하면 우리가 서로 사귐이 있고, 그 아들 예수의 피가 우리를 모든 죄에서 깨끗하게 하실 것이요. (요일 1:7)

증인으로서의 생활
너희 마음에 그리스도를 주로 삼아 거룩하게 하고, 너희 속에 있는 소망에 관한 이유를 묻는 자에게는 대답할 것을 항상 준비하되 온유와 두려움으로 하고. (벧전 3:15)

후히 드리는 생활
각각 그 마음에 정한 대로 할 것이요 인색함으로나 억지로 하지 말지니, 하나님은 즐겨 내는 자를 사랑하시느니라. (고후 9:7)

Make a joyful noise unto the LORD, all ye lands. (Psalm 100:1)

2026
FEBRUARY 2

SUN	MON	TUE	WED	THU	FRI	SAT
1	2	3	4	5	6	7
8	9	10	11	12	13	14
15	16	17	18	19	20	21
22	23	24	25	26	27	28

3

2026
MARCH

SUN	MON	TUE	WED	THU	FRI	SAT
1 삼일절, 1·13	2 대체공휴일	3 1·15	4	5 경칩	6	7
8	9	10	11	12	13	14
15	16	17	18	19 2·1	20 춘분	21
22	23	24	25	26	27	28
29	30	31			(see February mini-calendar below)	(see April mini-calendar below)

2

S	M	T	W	T	F	S
1	2	3	4	5	6	7
8	9	10	11	12	13	14
15	16	17	18	19	20	21
22	23	24	25	26	27	28

4

S	M	T	W	T	F	S
			1	2	3	4
5	6	7	8	9	10	11
12	13	14	15	16	17	18
19	20	21	22	23	24	25
26	27	28	29	30		

새로운 삶

(개역개정판)

중심되신 그리스도
그런즉 누구든지 그리스도 안에 있으면 새로운 피조물이라. 이전 것은 지나갔으니, 보라 새것이 되었도다. (고후 5:17)

중심되신 그리스도
내가 그리스도와 함께 십자가에 못 박혔나니, 그런즉 이제는 내가 사는 것이 아니요 오직 내 안에 그리스도께서 사시는 것이라. 이제 내가 육체 가운데 사는 것은 나를 사랑하사 나를 위하여 자기 자신을 버리신 하나님의 아들을 믿는 믿음 안에서 사는 것이라. (갈 2:20)

그리스도께 순종
그러므로 형제들아, 내가 하나님의 모든 자비하심으로 너희를 권하노니, 너희 몸을 하나님이 기뻐하시는 거룩한 산 제물로 드리라. 이는 너희가 드릴 영적 예배니라. (롬 12:1)

그리스도께 순종
나의 계명을 지키는 자라야 나를 사랑하는 자니, 나를 사랑하는 자는 내 아버지께 사랑을 받을 것이요 나도 그를 사랑하여 그에게 나를 나타내리라. (요 14:21)

말 씀
모든 성경은 하나님의 감동으로 된 것으로, 교훈과 책망과 바르게 함과 의로 교육하기에 유익하니. (딤후 3:16)

말 씀
이 율법책을 네 입에서 떠나지 말게 하며 주야로 그것을 묵상하여 그 안에 기록된 대로 다 지켜 행하라. 그리하면 네 길이 평탄하게 될 것이며 네가 형통하리라. (수 1:8)

Serve the LORD with gladness: come before his presence with singing. (Psalm 100:2)

2026
MARCH 3

SUN	MON	TUE	WED	THU	FRI	SAT
1	2	3	4	5	6	7
8	9	10	11	12	13	14
15	16	17	18	19	20	21
22	23	24	25	26	27	28
29	30	31				

4 2026 APRIL

SUN	MON	TUE	WED	THU	FRI	SAT
3 S M T W T F S 1 2 3 4 5 6 7 8 9 10 11 12 13 14 15 16 17 18 19 20 21 22 23 24 25 26 27 28 29 30 31	5 S M T W T F S 1 2 3 4 5 6 7 8 9 10 11 12 13 14 15 16 17 18 19 20 21 22 23 24 25 26 27 28 29 30 31		1 2·14	2 2·15	3	4
5 부활절 청명, 식목일	6	7	8	9	10	11
12	13	14	15	16	17 3·1	18
19	20 곡우	21	22	23	24	25
26	27	28	29	30		

To know Christ and to make Him known

새로운 삶

(개역개정판)

기 도
너희가 내 안에 거하고 내 말이 너희 안에 거하면 무엇이든지 원하는 대로 구하라. 그리하면 이루리라. (요 15:7)

기 도
아무것도 염려하지 말고 다만 모든 일에 기도와 간구로 너희 구할 것을 감사함으로 하나님께 아뢰라. 그리하면 모든 지각에 뛰어난 하나님의 평강이 그리스도 예수 안에서 너희 마음과 생각을 지키시리라. (빌 4:6,7)

교 제
두세 사람이 내 이름으로 모인 곳에는 나도 그들 중에 있느니라. (마 18:20)

교 제
서로 돌아보아 사랑과 선행을 격려하며, 모이기를 폐하는 어떤 사람들의 습관과 같이 하지 말고, 오직 권하여 그날이 가까움을 볼수록 더욱 그리하자. (히 10:24,25)

증 거
말씀하시되, 나를 따라오라 내가 너희를 사람을 낚는 어부가 되게 하리라 하시니. (마 4:19)

증 거
내가 복음을 부끄러워하지 아니하노니, 이 복음은 모든 믿는 자에게 구원을 주시는 하나님의 능력이 됨이라. 먼저는 유대인에게요 그리고 헬라인에게로다. (롬 1:16)

The joy of the LORD is your strength. (Nehemiah 8:10)

2026 APRIL 4

SUN	MON	TUE	WED	THU	FRI	SAT
			1	2	3	4
5	6	7	8	9	10	11
12	13	14	15	16	17	18
19	20	21	22	23	24	25
26	27	28	29	30		

5 2026 MAY

4

S	M	T	W	T	F	S
			1	2	3	4
5	6	7	8	9	10	11
12	13	14	15	16	17	18
19	20	21	22	23	24	25
26	27	28	29	30		

6

S	M	T	W	T	F	S
	1	2	3	4	5	6
7	8	9	10	11	12	13
14	15	16	17	18	19	20
21	22	23	24	25	26	27
28	29	30				

SUN	MON	TUE	WED	THU	FRI	SAT
					1 근로자의 날 3·15	2
3	4	5 어린이날 입하	6	7	8 어버이날	9
10	11	12	13	14	15 스승의 날	16
17 4·1	18 성년의 날	19	20	21 부부의 날 소만	22	23
24 4·8 31 4·15	25 대체공휴일	26	27	28	29	30

To know Christ and to make Him known

그리스도를 전파함

(개역개정판)

모든 사람이 죄를 범함

모든 사람이 죄를 범하였으매 하나님의 영광에 이르지 못하더니. (롬 3:23)

모든 사람이 죄를 범함

우리는 다 양 같아서 그릇 행하여 각기 제 길로 갔거늘, 여호와께서는 우리 모두의 죄악을 그에게 담당시키셨도다. (사 53:6)

죄의 형벌

죄의 삯은 사망이요, 하나님의 은사는 그리스도 예수 우리 주 안에 있는 영생이니라. (롬 6:23)

죄의 형벌

한 번 죽는 것은 사람에게 정해진 것이요, 그 후에는 심판이 있으리니. (히 9:27)

그리스도가 형벌을 받음

우리가 아직 죄인 되었을 때에 그리스도께서 우리를 위하여 죽으심으로 하나님께서 우리에 대한 자기의 사랑을 확증하셨느니라. (롬 5:8)

그리스도가 형벌을 받음

그리스도께서도 단번에 죄를 위하여 죽으사 의인으로서 불의한 자를 대신하셨으니, 이는 우리를 하나님 앞으로 인도하려 하심이라. 육체로는 죽임을 당하시고 영으로는 살리심을 받으셨으니. (벧전 3:18)

Thou hast put gladness in my heart. (Psalm 4:7)

2026
MAY
5

SUN	MON	TUE	WED	THU	FRI	SAT
					1	2
3	4	5	6	7	8	9
10	11	12	13	14	15	16
17	18	19	20	21	22	23
24	25	26	27	28	29	30
31						

6 2026 JUNE

SUN	MON	TUE	WED	THU	FRI	SAT
	1 4·16	2	3 지방선거일	4	5	6 현충일 망종
7	8	9	10	11	12	13
14	15 5·1	16	17	18	19	20
21 하지	22	23	24	25	26	27
28	29 5·15	30				

5

S	M	T	W	T	F	S
					1	2
3	4	5	6	7	8	9
10	11	12	13	14	15	16
17	18	19	20	21	22	23
24	25	26	27	28	29	30
31						

7

S	M	T	W	T	F	S
			1	2	3	4
5	6	7	8	9	10	11
12	13	14	15	16	17	18
19	20	21	22	23	24	25
26	27	28	29	30	31	

To know Christ and to make Him known

그리스도를 전파함

(개역개정판)

선행으로 구원받지 못함
너희는 그 은혜에 의하여 믿음으로 말미암아 구원을 받았으니, 이것은 너희에게서 난 것이 아니요 하나님의 선물이라. 행위에서 난 것이 아니니, 이는 누구든지 자랑하지 못하게 함이라. (엡 2:8,9)

선행으로 구원받지 못함
우리를 구원하시되 우리가 행한 바 의로운 행위로 말미암지 아니하고, 오직 그의 긍휼하심을 따라 중생의 씻음과 성령의 새롭게 하심으로 하셨나니. (딛 3:5)

그리스도를 모셔야 함
영접하는 자 곧 그 이름을 믿는 자들에게는 하나님의 자녀가 되는 권세를 주셨으니. (요 1:12)

그리스도를 모셔야 함
볼지어다. 내가 문밖에 서서 두드리노니, 누구든지 내 음성을 듣고 문을 열면 내가 그에게로 들어가 그와 더불어 먹고 그는 나와 더불어 먹으리라. (계 3:20)

구원의 확신
내가 하나님의 아들의 이름을 믿는 너희에게 이것을 쓰는 것은 너희로 하여금 너희에게 영생이 있음을 알게 하려 함이라. (요일 5:13)

구원의 확신
내가 진실로 진실로 너희에게 이르노니, 내 말을 듣고 또 나 보내신 이를 믿는 자는 영생을 얻었고 심판에 이르지 아니하나니 사망에서 생명으로 옮겼느니라. (요 5:24)

Fear thou not; for I am with thee. (Isaiah 41:10)

2026
JUNE
6

SUN	MON	TUE	WED	THU	FRI	SAT
	1	2	3	4	5	6
7	8	9	10	11	12	13
14	15	16	17	18	19	20
21	22	23	24	25	26	27
28	29	30				

7

2026
JULY

SUN	MON	TUE	WED	THU	FRI	SAT
6 S M T W T F S 1 2 3 4 5 6 7 8 9 10 11 12 13 14 15 16 17 18 19 20 21 22 23 24 25 26 27 28 29 30	8 S M T W T F S 1 2 3 4 5 6 7 8 9 10 11 12 13 14 15 16 17 18 19 20 21 22 23 24 25 26 27 28 29 30 31		1 5·17	2	3	4
5	6	7 소서	8	9	10	11
12	13	14 6·1	15 초복	16	17 제헌절	18
19	20	21	22	23 대서	24	25 중복
26	27	28 6·15	29	30	31	

하나님을 의뢰함

(개역개정판)

성 령
너희는 너희가 하나님의 성전인 것과 하나님의 성령이 너희 안에 계시는 것을 알지 못하느냐. (고전 3:16)

성 령
우리가 세상의 영을 받지 아니하고 오직 하나님으로부터 온 영을 받았으니, 이는 우리로 하여금 하나님께서 우리에게 은혜로 주신 것들을 알게 하려 하심이라. (고전 2:12)

능 력
두려워하지 말라. 내가 너와 함께함이라. 놀라지 말라. 나는 네 하나님이 됨이라. 내가 너를 굳세게 하리라. 참으로 너를 도와주리라. 참으로 나의 의로운 오른손으로 너를 붙들리라. (사 41:10)

능 력
내게 능력 주시는 자 안에서 내가 모든 것을 할 수 있느니라. (빌 4:13)

성 실
여호와의 인자와 긍휼이 무궁하시므로 우리가 진멸되지 아니함이니이다. 이것들이 아침마다 새로우니 주의 성실하심이 크시도소이다. (애 3:22,23)

성 실
하나님은 사람이 아니시니 거짓말을 하지 않으시고 인생이 아니시니 후회가 없으시도다. 어찌 그 말씀하신 바를 행하지 않으시며, 하신 말씀을 실행하지 않으시랴. (민 23:19)

Seek the LORD, and his strength: seek his face evermore. (Psalm 105:4)

2026
JULY 7

SUN	MON	TUE	WED	THU	FRI	SAT
			1	2	3	4
5	6	7	8	9	10	11
12	13	14	15	16	17	18
19	20	21	22	23	24	25
26	27	28	29	30	31	

8

2026
AUGUST

SUN	MON	TUE	WED	THU	FRI	SAT
7 S M T W T F S 1 2 3 4 5 6 7 8 9 10 11 12 13 14 15 16 17 18 19 20 21 22 23 24 25 26 27 28 29 30 31	9 S M T W T F S 1 2 3 4 5 6 7 8 9 10 11 12 13 14 15 16 17 18 19 20 21 22 23 24 25 26 27 28 29 30					1 6·19
2	3	4	5	6	7 입추	8
9	10	11	12	13 7·1	14 말복	15 광복절
16	17 대체공휴일	18	19	20	21	22
23 처서 30	24 31	25	26	27 7·15	28	29

To know Christ and to make Him known

하나님을 의뢰함

(개역개정판)

평 안

주께서 심지가 견고한 자를 평강하고 평강하도록 지키시리니, 이는 그가 주를 신뢰함이니이다. (사 26:3)

평 안

너희 염려를 다 주께 맡기라. 이는 그가 너희를 돌보심이라. (벧전 5:7)

공 급

자기 아들을 아끼지 아니하시고 우리 모든 사람을 위하여 내주신 이가 어찌 그 아들과 함께 모든 것을 우리에게 주시지 아니하겠느냐. (롬 8:32)

공 급

나의 하나님이 그리스도 예수 안에서 영광 가운데 그 풍성한 대로 너희 모든 쓸 것을 채우시리라. (빌 4:19)

유혹에서 도우심

그가 시험을 받아 고난을 당하셨은즉 시험받는 자들을 능히 도우실 수 있느니라. (히 2:18)

유혹에서 도우심

청년이 무엇으로 그의 행실을 깨끗하게 하리이까. 주의 말씀만 지킬 따름이니이다. 내가 주께 범죄하지 아니하려 하여 주의 말씀을 내 마음에 두었나이다. (시 119:9,11)

Cause me to hear thy lovingkindness in the morning. (Psalm 143:8)

2026 AUGUST 8

SUN	MON	TUE	WED	THU	FRI	SAT
						1
2	3	4	5	6	7	8
9	10	11	12	13	14	15
16	17	18	19	20	21	22
23	24	25	26	27	28	29
30	31					

9
2026
SEPTEMBER

SUN	MON	TUE	WED	THU	FRI	SAT
		1 7·20	2	3	4	5
6	7 백로	8	9	10	11 8·1	12
13	14	15	16	17	18	19
20	21	22	23 추분	24	25 추석	26
27	28	29	30			

8

S	M	T	W	T	F	S
						1
2	3	4	5	6	7	8
9	10	11	12	13	14	15
16	17	18	19	20	21	22
23	24	25	26	27	28	29
30	31					

10

S	M	T	W	T	F	S
				1	2	3
4	5	6	7	8	9	10
11	12	13	14	15	16	17
18	19	20	21	22	23	24
25	26	27	28	29	30	31

그리스도 제자의 자격 (개역개정판)

그리스도를 첫자리에 모심
그런즉 너희는 먼저 그의 나라와 그의 의를 구하라. 그리하면 이 모든 것을 너희에게 더 하시리라. (마 6:33)

그리스도를 첫자리에 모심
또 무리에게 이르시되, 아무든지 나를 따라 오려거든 자기를 부인하고 날마다 제 십자가를 지고 나를 따를 것이니라. (눅 9:23)

죄에서 떠남
이 세상이나 세상에 있는 것들을 사랑하지 말라. 누구든지 세상을 사랑하면 아버지의 사랑이 그 안에 있지 아니하니, 이는 세상에 있는 모든 것이 육신의 정욕과 안목의 정욕과 이생의 자랑이니, 다 아버지께로부터 온 것이 아니요 세상으로부터 온 것이라. (요일 2:15,16)

죄에서 떠남
너희는 이 세대를 본받지 말고 오직 마음을 새롭게 함으로 변화를 받아 하나님의 선하시고 기뻐하시고 온전하신 뜻이 무엇인지 분별하도록 하라. (롬 12:2)

견고함
그러므로 내 사랑하는 형제들아, 견실하며 흔들리지 말고 항상 주의 일에 더욱 힘쓰는 자들이 되라. 이는 너희 수고가 주 안에서 헛되지 않은 줄 앎이라. (고전 15:58)

견고함
너희가 피곤하여 낙심하지 않기 위하여 죄인들이 이같이 자기에게 거역한 일을 참으신 이를 생각하라. (히 12:3)

The LORD is high above all nations, and his glory above the heavens. (Psalm 113:4)

2026
SEPTEMBER 9

SUN	MON	TUE	WED	THU	FRI	SAT
		1	2	3	4	5
6	7	8	9	10	11	12
13	14	15	16	17	18	19
20	21	22	23	24	25	26
27	28	29	30			

10 2026 OCTOBER

SUN	MON	TUE	WED	THU	FRI	SAT
9 S M T W T F S 1 2 3 4 5 6 7 8 9 10 11 12 13 14 15 16 17 18 19 20 21 22 23 24 25 26 27 28 29 30	11 S M T W T F S 1 2 3 4 5 6 7 8 9 10 11 12 13 14 15 16 17 18 19 20 21 22 23 24 25 26 27 28 29 30			1 국군의 날, 8·21	2	3 개천절
4	5 대체공휴일	6	7	8 한로	9 한글날	10
11 9·1	12	13	14	15	16	17
18	19	20	21	22	23 상강	24
25 9·15	26	27	28	29	30	31

To know Christ and to make Him known

그리스도 제자의 자격

(개역개정판)

다른 사람을 섬김
인자가 온 것은 섬김을 받으려 함이 아니라 도리어 섬기려 하고 자기 목숨을 많은 사람의 대속물로 주려 함이니라. (막 10:45)

다른 사람을 섬김
우리는 우리를 전파하는 것이 아니라 오직 그리스도 예수의 주 되신 것과 또 예수를 위하여 우리가 너희의 종 된 것을 전파함이라. (고후 4:5)

후히 드릴 것
네 재물과 네 소산물의 처음 익은 열매로 여호와를 공경하라. 그리하면 네 창고가 가득히 차고 네 포도즙 틀에 새 포도즙이 넘치리라. (잠 3:9,10)

후히 드릴 것
이것이 곧 적게 심는 자는 적게 거두고 많이 심는 자는 많이 거둔다 하는 말이로다. 각각 그 마음에 정한 대로 할 것이요 인색함으로나 억지로 하지 말지니 하나님은 즐겨 내는 자를 사랑하시느니라. (고후 9:6,7)

세계 비전
오직 성령이 너희에게 임하시면 너희가 권능을 받고 예루살렘과 온 유대와 사마리아와 땅끝까지 이르러 내 증인이 되리라 하시니라. (행 1:8)

세계 비전
그러므로 너희는 가서 모든 민족을 제자로 삼아 아버지와 아들과 성령의 이름으로 세례를 베풀고, 내가 너희에게 분부한 모든 것을 가르쳐 지키게 하라. 볼지어다. 내가 세상 끝날까지 너희와 항상 함께 있으리라 하시니라. (마 28:19,20)

Thou shalt also be a crown of glory in the hand of the LORD. (Isaiah 62:3)

2026 10
OCTOBER

SUN	MON	TUE	WED	THU	FRI	SAT
				1	2	3
4	5	6	7	8	9	10
11	12	13	14	15	16	17
18	19	20	21	22	23	24
25	26	27	28	29	30	31

11

2026
NOVEMBER

SUN	MON	TUE	WED	THU	FRI	SAT
1 9·22	2	3	4	5	6	7 입동
8	9 10·1	10	11	12	13	14
15	16	17	18	19	20	21
22 소설	23 10·15	24	25	26	27	28
29	30					

10

S	M	T	W	T	F	S
				1	2	3
4	5	6	7	8	9	10
11	12	13	14	15	16	17
18	19	20	21	22	23	24
25	26	27	28	29	30	31

12

S	M	T	W	T	F	S
		1	2	3	4	5
6	7	8	9	10	11	12
13	14	15	16	17	18	19
20	21	22	23	24	25	26
27	28	29	30	31		

To know Christ and to make Him known

그리스도를 닮아 감

(개역개정판)

사 랑
새 계명을 너희에게 주노니 서로 사랑하라. 내가 너희를 사랑한 것 같이 너희도 서로 사랑하라. 너희가 서로 사랑하면 이로써 모든 사람이 너희가 내 제자인 줄 알리라. (요 13:34,35)

사 랑
자녀들아, 우리가 말과 혀로만 사랑하지 말고 행함과 진실함으로 하자. (요일 3:18)

겸 손
아무 일에든지 다툼이나 허영으로 하지 말고 오직 겸손한 마음으로 각각 자기보다 남을 낫게 여기고, 각각 자기 일을 돌볼 뿐더러 또한 각각 다른 사람들의 일을 돌보아 나의 기쁨을 충만하게 하라. (빌 2:3,4)

겸 손
젊은 자들아, 이와 같이 장로들에게 순종하고 다 서로 겸손으로 허리를 동이라. 하나님은 교만한 자를 대적하시되 겸손한 자들에게는 은혜를 주시느니라. 그러므로 하나님의 능하신 손 아래에서 겸손하라. 때가 되면 너희를 높이시리라. (벧전 5:5,6)

순 결
음행과 온갖 더러운 것과 탐욕은 너희 중에서 그 이름조차도 부르지 말라. 이는 성도에게 마땅한 바니라. (엡 5:3)

순 결
사랑하는 자들아, 거류민과 나그네 같은 너희를 권하노니 영혼을 거슬러 싸우는 육체의 정욕을 제어하라. (벧전 2:11)

I love the LORD, because he hath heard my voice and my supplications. (Psalm 116:1)

2026
NOVEMBER 11

SUN	MON	TUE	WED	THU	FRI	SAT
1	2	3	4	5	6	7
8	9	10	11	12	13	14
15	16	17	18	19	20	21
22	23	24	25	26	27	28
29	30					

12 2026 DECEMBER

SUN	MON	TUE	WED	THU	FRI	SAT
		1 10·23	2	3	4	5
6	7 대설	8	9 11·1	10	11	12
13	14	15	16	17	18	19
20	21	22 동지	23 11·15	24	25 성탄절	26
27	28	29	30	31		

11

S	M	T	W	T	F	S
1	2	3	4	5	6	7
8	9	10	11	12	13	14
15	16	17	18	19	20	21
22	23	24	25	26	27	28
29	30					

2027/1

S	M	T	W	T	F	S
					1	2
3	4	5	6	7	8	9
10	11	12	13	14	15	16
17	18	19	20	21	22	23
24	25	26	27	28	29	30
31						

그리스도를 닮아 감 (개역개정판)

정 직
너희는 도둑질하지 말며, 속이지 말며, 서로 거짓말하지 말며. (레 19:11)

정 직
이것으로 말미암아 나도 하나님과 사람에 대하여 항상 양심에 거리낌이 없기를 힘쓰나이다. (행 24:16)

믿 음
믿음이 없이는 하나님을 기쁘시게 하지 못하나니, 하나님께 나아가는 자는 반드시 그가 계신 것과 또한 그가 자기를 찾는 자들에게 상 주시는 이심을 믿어야 할지니라. (히 11:6)

믿 음
믿음이 없어 하나님의 약속을 의심하지 않고, 믿음으로 견고하여져서 하나님께 영광을 돌리며, 약속하신 그것을 또한 능히 이루실 줄을 확신하였으니. (롬 4:20,21)

선 행
우리가 선을 행하되 낙심하지 말지니 포기하지 아니하면 때가 이르매 거두리라. 그러므로 우리는 기회 있는 대로 모든 이에게 착한 일을 하되 더욱 믿음의 가정들에게 할지니라. (갈 6:9,10)

선 행
이같이 너희 빛이 사람 앞에 비치게 하여 그들로 너희 착한 행실을 보고 하늘에 계신 너희 아버지께 영광을 돌리게 하라. (마 5:16)

Sing unto the LORD; for he hath done excellent things. (Isaiah 12:5)

2026
DECEMBER 12

SUN	MON	TUE	WED	THU	FRI	SAT
		1	2	3	4	5
6	7	8	9	10	11	12
13	14	15	16	17	18	19
20	21	22	23	24	25	26
27	28	29	30	31		

2026
CALENDAR

1

S	M	T	W	T	F	S
				1	2	3
4	5	6	7	8	9	10
11	12	13	14	15	16	17
18	19	20	21	22	23	24
25	26	27	28	29	30	31

2

S	M	T	W	T	F	S
1	2	3	4	5	6	7
8	9	10	11	12	13	14
15	16	17	18	19	20	21
22	23	24	25	26	27	28

3

S	M	T	W	T	F	S
1	2	3	4	5	6	7
8	9	10	11	12	13	14
15	16	17	18	19	20	21
22	23	24	25	26	27	28
29	30	31				

4

S	M	T	W	T	F	S
			1	2	3	4
5	6	7	8	9	10	11
12	13	14	15	16	17	18
19	20	21	22	23	24	25
26	27	28	29	30		

5

S	M	T	W	T	F	S
					1	2
3	4	5	6	7	8	9
10	11	12	13	14	15	16
17	18	19	20	21	22	23
24	25	26	27	28	29	30
31						

6

S	M	T	W	T	F	S
	1	2	3	4	5	6
7	8	9	10	11	12	13
14	15	16	17	18	19	20
21	22	23	24	25	26	27
28	29	30				

7

S	M	T	W	T	F	S
			1	2	3	4
5	6	7	8	9	10	11
12	13	14	15	16	17	18
19	20	21	22	23	24	25
26	27	28	29	30	31	

8

S	M	T	W	T	F	S
						1
2	3	4	5	6	7	8
9	10	11	12	13	14	15
16	17	18	19	20	21	22
23	24	25	26	27	28	29
30	31					

9

S	M	T	W	T	F	S
		1	2	3	4	5
6	7	8	9	10	11	12
13	14	15	16	17	18	19
20	21	22	23	24	25	26
27	28	29	30			

10

S	M	T	W	T	F	S
				1	2	3
4	5	6	7	8	9	10
11	12	13	14	15	16	17
18	19	20	21	22	23	24
25	26	27	28	29	30	31

11

S	M	T	W	T	F	S
1	2	3	4	5	6	7
8	9	10	11	12	13	14
15	16	17	18	19	20	21
22	23	24	25	26	27	28
29	30					

12

S	M	T	W	T	F	S
		1	2	3	4	5
6	7	8	9	10	11	12
13	14	15	16	17	18	19
20	21	22	23	24	25	26
27	28	29	30	31		

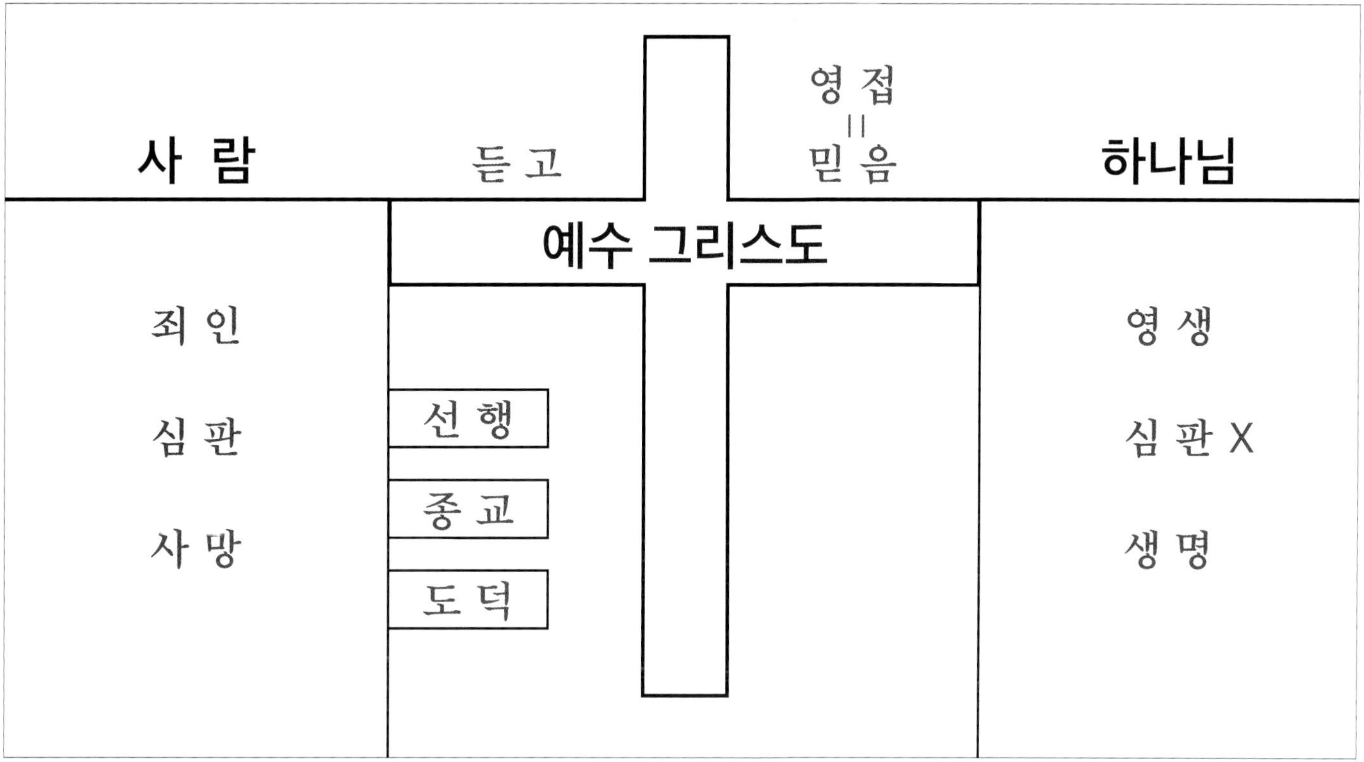

롬 3:23
모든 사람이 죄를 범하였으매 하나님의 영광에 이르지 못하더니.

히 9:27
한 번 죽는 것은 사람에게 정하신 것이요, 그 후에는 심판이 있으리니.

롬 6:23
죄의 삯은 사망이요, 하나님의 은사는 그리스도 예수 우리 주 안에 있는 영생이니라.

엡 2:8,9
너희가 그 은혜를 인하여 믿음으로 말미암아 구원을 얻었나니, 이것이 너희에게서 난 것이 아니요 하나님의 선물이라. 행위에서 난 것이 아니니, 이는 누구든지 자랑치 못하게 함이니라.

딛 3:5
우리를 구원하시되 우리의 행한 바 의로운 행위로 말미암지 아니하고, 오직 그의 긍휼하심을 좇아 중생의 씻음과 성령의 새롭게 하심으로 하셨나니.

롬 5:8
우리가 아직 죄인 되었을 때에 그리스도께서 우리를 위하여 죽으심으로 하나님께서 우리에게 대한 자기의 사랑을 확증하셨느니라.

벧전 3:18
그리스도께서도 한 번 죄를 위하여 죽으사 의인으로서 불의한 자를 대신하셨으니, 이는 우리를 하나님 앞으로 인도하려 하심이라. 육체로는 죽임을 당하시고 영으로는 살리심을 받으셨으니.

요 5:24
내가 진실로 진실로 너희에게 이르노니, 내 말을 듣고 또 나 보내신 이를 믿는 자는 영생을 얻었고 심판에 이르지 아니하나니 사망에서 생명으로 옮겼느니라.

요 1:12
영접하는 자 곧 그 이름을 믿는 자들에게는 하나님의 자녀가 되는 권세를 주셨으니.

"오늘 내가 네게 명하는 이 말씀을
너는 마음에 새기고." (신명기 6:6)

성경암송보다 더 강력한 말씀 섭취 방법은 없습니다. 「주제별 성경암송 60구절」의 암송 방법과
유익에 대해서는 네비게이토 출판사에서 발행한 소책자에 자세하게 소개되어 있습니다.
이 달력은 하나님의 말씀을 사랑하는 분들에게 좋은 선물이 될 것입니다.
교회나 단체에서 다량 구입 시 원하시는 로고를 인쇄해 드립니다.

문의 전화: 02-334-3037, 팩스: 02-334-3119
https://navpress.co.kr

Printed in Korea 값 6,000원

9 788937 506819 06230